Dieses Buch gehört:

Mein Mühlenbuch

Ein Lese-, Bilder- und Arbeitsbuch
für Kinder ab 8 Jahren

Anschrift der Autorin:
Alexandra Kévés
Grundschullehrerin
Ritterweg 72
56170 Bendorf-Sayn
Tel.: 0 26 22 - 90 57 27
Fax: 0 26 22 - 90 57 27

Kopatz, Alexandra:
Mein Mühlenbuch
Ein Lese-, Bilder- und Arbeitsbuch
für Kinder ab 8 Jahren

Für die freundliche Unterstützung, die ich sowohl für mein Kinderbuch als auch für meine Hausarbeit für das Zweite Staatsexamen erfahren habe, danke ich: dem Förderkreis Heins Mühle e.V., dem Kreismuseum Mayen, Frau Christiane Wennrich, Sr.M. Adelmuth, Frau Beate Billig-Sczesny, Frau Silke Allmann, meiner Schwester Constanze Kopatz und ihrem Verlobten Bruno Goossens.
Für die finanzielle Unterstützung danke ich besonders:
Herrn Dr. Alexander Pahl, den Eheleuten Irene und Walter Kopatz und Frau Ruth Lux.

Illustrationen, Satz & Umschlag: Goossens & Kopatz / Trier
Repros: Repro Schmitt / Trier
Druck: Goossens & Kopatz / Trier
Printed in Germany
ISBN 3-9804465-0-6

Dieses Buch widme ich meinen Eltern
Beate und Manfred Kopatz,
die mich während meiner Ausbildung
für das Lehramt an Grund- und Hauptschulen
so liebevoll unterstützt haben.

INHALTSVERZEICHNIS

Seite

Hallo Kinder!
Ich bin der Mühlenhannes
und führe Euch durch dieses Buch.
Mit mir zusammen könnt Ihr spielen,
lesen, singen und basteln.
Und wenn Ihr etwas nicht
versteht, erkläre ich
Euch das natürlich
sofort. Außerdem
könnt Ihr in den
Kontrollen die
Lösungen der
Aufgaben und
Rätsel finden.
Viel Spaß
wünscht Euch

Euer
Mühlenhannes.

VORWORT

Liebe Kinder!

Einige von Euch haben bestimmt schon einmal eine Mühle gesehen. Da gibt es nämlich ganz verschiedene! Es gibt Mühlen, die in Küchen stehen und von denen es auch ganz viele gibt: das sind zum Beispiel **Pfeffermühlen** oder **Kaffeemühlen**.
Andere Mühlen findet man nicht mehr so oft und schon gar nicht in Küchen. Das sind zum Beispiel **Windmühlen**, die Ihr meistens noch in Holland sehen könnt. In Deutschland findet man manchmal noch ganz versteckt, in schattigen Tälern, umgeben von dunklen Wäldern, alte geheimnisvolle **Wassermühlen**. Vor vielen Jahren konnte man noch das Rauschen des Wassers, das durch das Wasserrad plätscherte, und das Klappern und Knarren der schwer arbeitenden Mühle hören. Leider ist das heute nicht mehr so, weil Fabriken viel schneller produzieren können und sich das Arbeiten in der Mühle nicht mehr lohnt.
Ein paar solcher verlassenen Mühlen hatten das Glück, renoviert zu werden. Dort wohnen heute wieder Familien. Andere wurden restauriert, sind zu einem Museum geworden und freuen sich über die vielen interessierten Besucher.
So auch die "Heins Mühle" in Bendorf-Sayn (zwischen Koblenz und Neuwied), mit der das Buch beginnt. In den Geschichten, Gedichten, Liedern und

Bildern erfahrt Ihr Wichtiges, Spannendes und Lustiges über die Müller, ihre Mühlen, ihre Gesellen ... Im Anschluß an die meisten Texte findet Ihr verschiedene Anregungen: zum Beispiel könnt Ihr Kreuzworträtsel lösen, Theater spielen, malen, schreiben, basteln ...

Ihr solltet aber zuerst einmal lesen. Das könnt Ihr allein oder mit Freunden. Vorlesen macht einerseits mehr Spaß, und andererseits übt Ihr damit auch Euren Lesefluß, so daß die Lehrerin oder der Lehrer nachher staunen wird, wie gut Ihr lesen könnt. Auch das Spielen, Rätseln, Basteln und Singen ist mit mehreren Kindern interessanter. Am Ende solltet Ihr Eure Ergebnisse immer kontrollieren, besonders wenn Ihr etwas aufschreibt.

Erkundigt Euch doch einmal, ob es in Eurer Gegend auch eine alte Wassermühle, wie die "Heins Mühle", gibt. Ihr könnt Eure Eltern, Großeltern, Nachbarn oder den Bürgermeister fragen. Wenn Ihr die Möglichkeit habt, eine solche Mühle besichtigen zu können, dann solltet Ihr das unbedingt tun. Ihr werdet staunen, was Ihr dort noch so alles entdecken könnt. Vielleicht findet Ihr sogar einen alten vergessenen Schatz, den einst der Müller versteckt oder ein Wanderer zurückgelassen hat!? Mit ein wenig Fantasie fallen Euch bestimmt noch mehr Abenteuer ein, die Ihr spielen, malen oder auch aufschreiben könnt.

Jetzt wünsche ich Euch erst einmal viel Spaß beim Lesen, Vorlesen, Singen, Malen, Basteln, Rätseln, Spielen, Nachdenken ...

Eure Alexandra Kopatz

Kleines "Mühlenlexikon"

Was sind Mühlen?

1. Mühlen sind Maschinen, die feste Teile zerkleinern (mahlen) können, wie zum Beispiel Getreide, Kaffee, Gewürze oder Farben.
2. Je nachdem, wie die Mühle angetrieben wird, unterscheidet man zwischen Handmühlen, Windmühlen, Wassermühlen und Dampfmühlen. Die "Heins Mühle" gehört zu den Wassermühlen! Im Unterschied zur Handmühle, die früher hauptsächlich den Hausbedarf deckte, hatte die Wassermühle für das ganze Dorf, oft sogar für mehrere Dörfer Getreide zu mahlen.
Bis zum 12. Jahrhundert hatten sich die Wassermühlen von der Rhein- und Moselgegend über ganz Deutschland verbreitet.
Mit der Einführung der Wassermühlen bildete sich auch der Beruf des Müllers heraus, weil sich ständig jemand um das Mahlen und Reparieren der Geräte kümmern mußte.

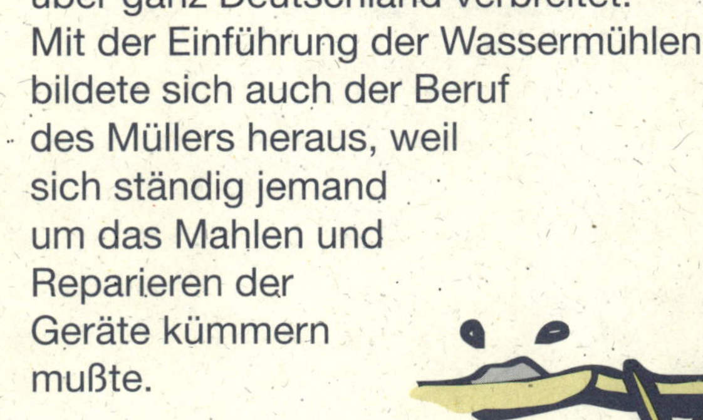

Pfeffer-
mühle
Kaffeemühle
Windmühle
Und das
ist eine
Wassermühle!

Was ist ein Müller?

Der Müller ist die Person, die die Maschinen überwacht, in Ordnung hält und auch repariert. Außerdem kontrolliert er das Ergebnis der gemahlenen Teile.

Erklärungen in Anlehnung an:
Herders Konversations-Lexikon Bd. 6, 1906, S.251./Meyers Lexikon Bd.8, 1928, S.807./Stüdtje 1976, S.5ff.

Was bedeutet Müllerei?

Müllerei meint sowohl den Weg vom Korn zum Mehl als auch alle Geräte, Maschinen und Mahlsteine, die dafür benötigt werden, aus Getreidekörnern grobes oder feines, körniges, grießiges, pulverförmiges oder mehliges Mahlerzeugnis (Mahlgut) herzustellen.

Mahlstein und Mehlsack

Was heißt Mühlenzwang?

Der Bauer durfte sein Getreide nur in der Mühle verarbeiten lassen, der er zugeteilt war. Die Bevölkerung durfte ihre Mehleinkäufe nur bei der Mühle tätigen, der sie zugehörten. Bauern und Nichtbauern half es dabei nichts, wenn andere Mühlen um die Hälfte des Weges näher lagen. Sie hatten nur das Recht mit anderen Mühlen ins Geschäft zu kommen, wenn ihr "Zwangsmüller" wegen Bauarbeiten oder Wassermangel mit der Arbeit nicht fertig wurde.
Der Mühlenzwang dauerte bis 1852.

Die "Heins Mühle" in Bendorf-Sayn

In Bendorf-Sayn und Umgebung gab es früher mehr als 20 Wassermühlen. Heute gibt es hier nur noch die "Heins Mühle" am Brexbach. Sie ist zu einem Museum geworden, das man sonntags von 14.00 bis 17.00 Uhr besichtigen kann.
Seit über 30 Jahren wird hier kein Getreide mehr gemahlen, aber das Wasserrad und alle Maschinen und Mahlsteine in der Mühle laufen noch. Fleißige Sayner (Herr Holler, Herr Lenßen und Herr Bode) haben die ganze Mühle repariert und erneuert, so daß Besucher sie heute anschauen können. Richtig gemahlen wird nicht mehr, weil sonst alles staubig würde und sich die Mäuse dann sehr wohl fühlen und übermütig die Besucher erschrecken könnten.
Erbaut wurde die "Heins Mühle" vor ungefähr 400 Jahren. Damals hieß sie aber noch nicht "Heins Mühle", weil der Herr Hein sie erst viel später kaufte. Zuerst wurden in ihr nicht Mehl zum Backen hergestellt, sondern Öl (zum Beispiel Speiseöl aus Bucheckern). Man nennt das eine Ölmühle.
300 Jahre später wurde sie zur "Tabaksmühle", in der Tabakblätter zermahlen wurden (Tabak ist zum Beispiel in Zigaretten oder Zigarren). Ein paar Jahre darauf wurde sie umgebaut zur "Kornmühle".
Seitdem brachten alle Bauern der Umgebung ihr geerntetes Getreide zum Müller und bekamen dafür entweder Mehl, Brot oder Geld.

Zuletzt mahlte der Müllermeister Hein in der Mühle. Deswegen heißt die Mühle auch "Heins Mühle". Der Urenkel des Herrn Hein ist im Augenblick der erste Vorsitzende des Fördervereins der Mühle. Das Museum "Heins Mühle" gehört heute der Stadt Bendorf.

In der "Heins Mühle" gibt es viel zu sehen

Das **Wasser** für die "Heins Mühle" wird 300 Meter vorher vom Brexbach abgezapft und in den **Mühlgraben** geleitet.
Das **Wasserrad** hat einen Durchmesser von 3,80 Metern und 42 Schaufeln! Eine Schaufel ist 1,4o Meter breit. Es werden immer 6 bis 7 Schaufeln gleichzeitig mit Wasser gefüllt. Durch dieses Gewicht wird das Rad in Bewegung gedrückt. Die Kraft des Wassers treibt das Wasserrad an.

Das Wasserrad der Wassermühle

Die Kraft des Wassers wird auf die **Zahnräder** übertragen, die alle Maschinen und die beiden Mahlsteine der Mühle in Bewegung setzen.

Zahnräder der Mühle

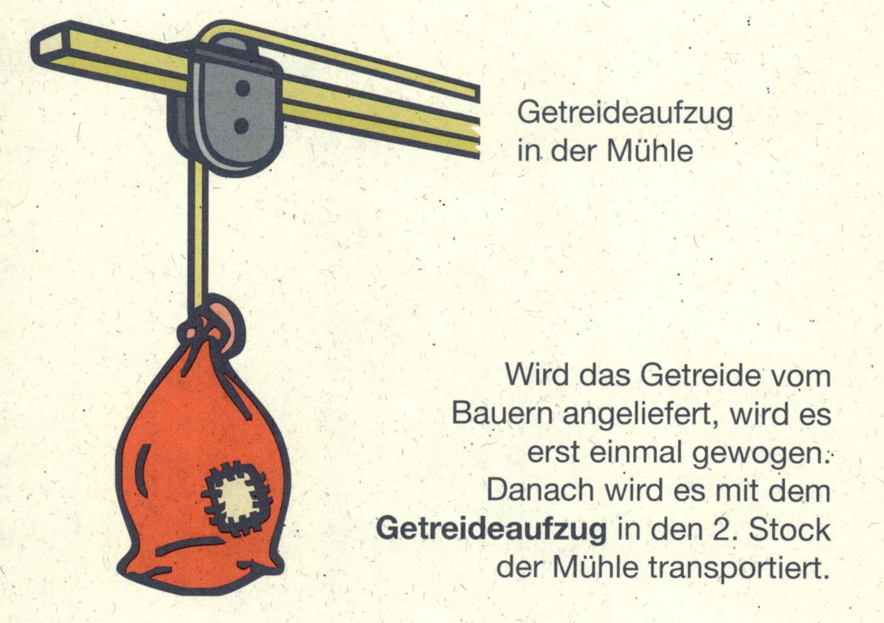

Getreideaufzug in der Mühle

Wird das Getreide vom Bauern angeliefert, wird es erst einmal gewogen. Danach wird es mit dem **Getreideaufzug** in den 2. Stock der Mühle transportiert.

Im 2. Stock der Mühle wird das Getreide in einen Trichter gefüllt und fällt in die **Getreidereinigungsmaschine** im 1. Stock der Mühle.
Hier wird das Getreide durch Wind "saubergepustet".

Getreidereinigungsmaschine der Mühle

Anschließend wird das gereinigte Getreide wieder in den 2. Stock transportiert. Das geschieht durch das **Becherwerk**.

Ausschnitt des Becherwerks in der Mühle

Oben angekommen, wird das Getreide in den **Getreideeinfülltrichter** geschüttet.

Auf diesem Wege gelangt das Getreide zwischen die **Mahlsteine**.
Der untere Mahlstein sitzt fest und bewegt sich nicht, während sich der obere Stein immerzu dreht (den oberen Stein nennt man deshalb "Läuferstein" - er "läuft" immer).
Mit den kleinen Rillen des Mahlsteins wird das Korn zerrieben, mit den großen gekühlt, da sich durch das Zerreiben große Hitze entwickelt!
Übrig bleiben die Kornhülsen und das Mehl.

Der **Rüttelschuh,** auch **Schüttelrost** genannt, ist über den Mahlsteinen befestigt und bestimmt die Menge des Getreides, die gemahlen werden soll. Das "Schütteln" und "Rütteln" kann man als "Klappern" der Mühle hören.

In der **Sortiermaschine** wird das gewonnene Mehl von den Hülsen getrennt, es wird "sortiert".

Sortiermaschine der Wassermühle

Das Mehl
wird in der
Mehlabfüllanlage
in Säcke gefüllt.

Die Hülsen
gelangen
in den
Kleiekasten,
werden
ebenfalls
in Säcke ab-
gefüllt und
später haupt-
sächlich als
Tierfutter
verwendet.

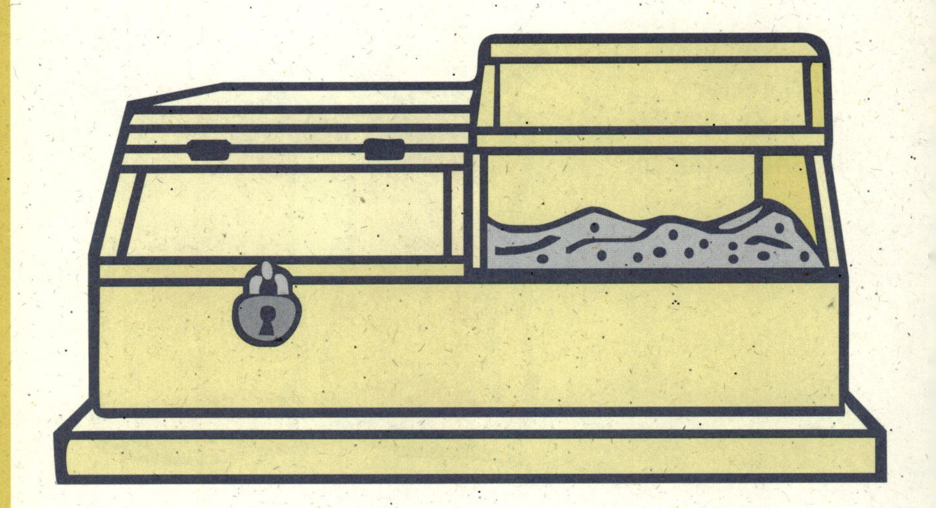

Entweder trägt der Müller die Mehlsäcke gleich in die Backstube des Bäckers oder er lagert das Mehl in der **Mehlkiste**.

Das Müllerleben

Der Müllerbursche hatte keine festgelegten Arbeitszeiten und daher auch keine geregelte Freizeit. Gemahlen wurde Tag und Nacht! Wenn die Maschinen und die Mahlsteine arbeiteten und er nichts zu reparieren hatte, konnte er die Zeit nutzen, um zu essen, zu lesen oder sonstiges zu tun, wozu er Lust hatte - aber er mußte in der Mühle bleiben. Er konnte auch zwischendurch schlafen, bis ein Glöckchen ertönte. Dann mußte er neues Getreide nachfüllen.

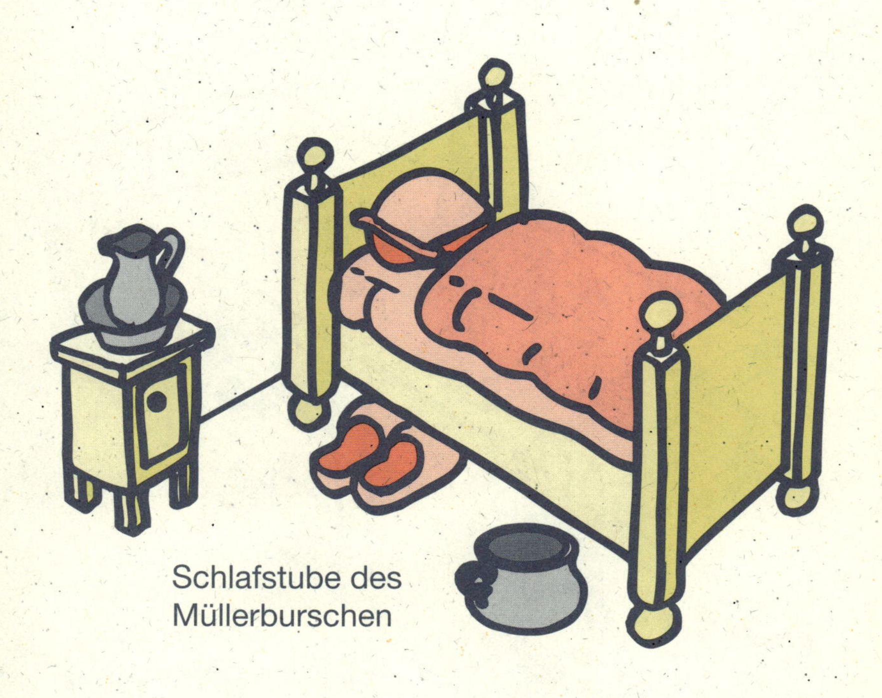

Schlafstube des
Müllerburschen

Wohnstube des
Müllerburschen

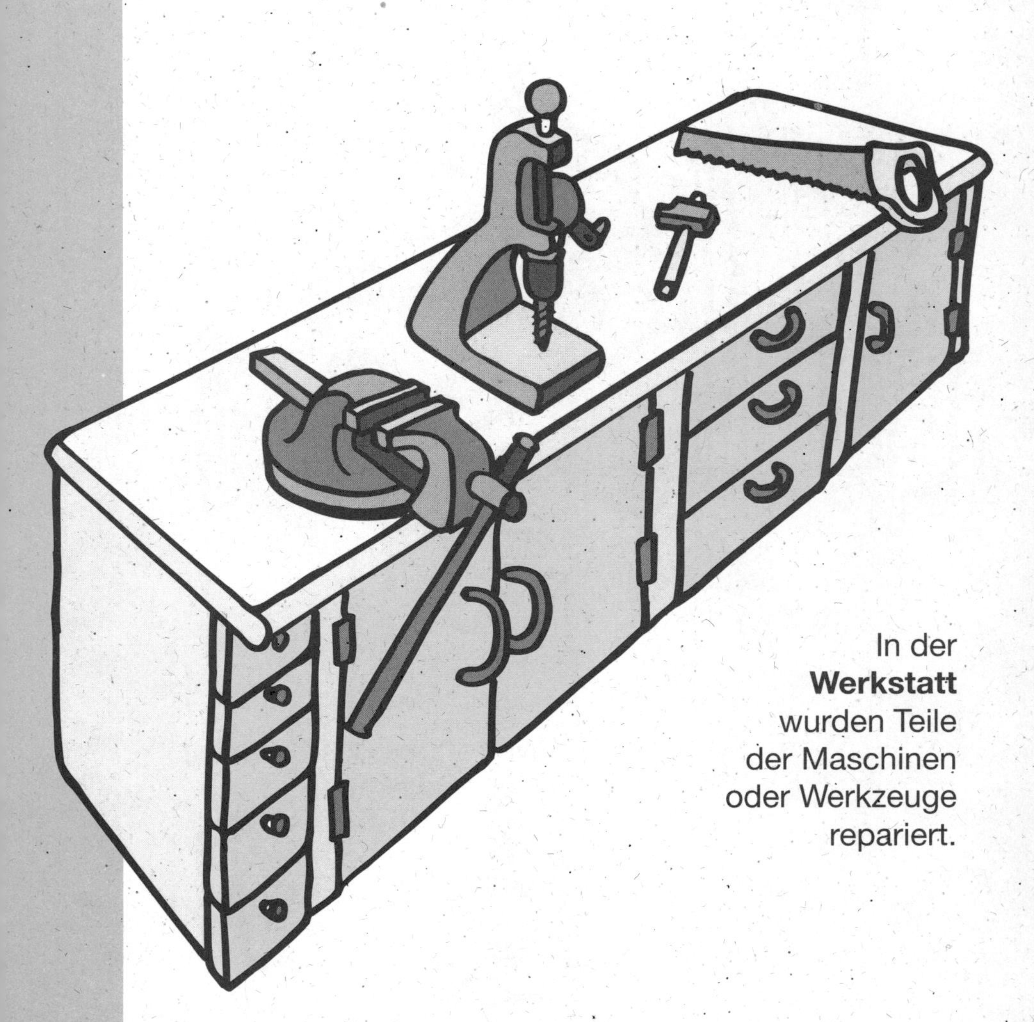

In der **Werkstatt** wurden Teile der Maschinen oder Werkzeuge repariert.

Regelmäßig mußten die **Rillen in den Mahlsteinen** erneuert werden. Hierzu wurden die Mahlsteine mit Hilfe eines sogenannten "Galgens" (Einzahl: **Galgen**) aus ihrer Befestigung gehoben und mit **speziellem Werkzeug** bearbeitet. Das war eine mühselige Tätigkeit!

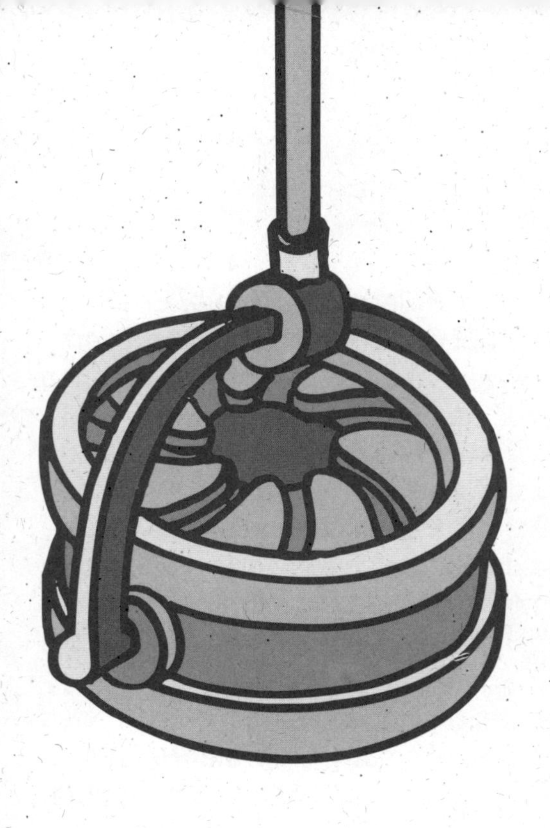

Mahlstein
am Galgen

Werkzeug
der Mühle

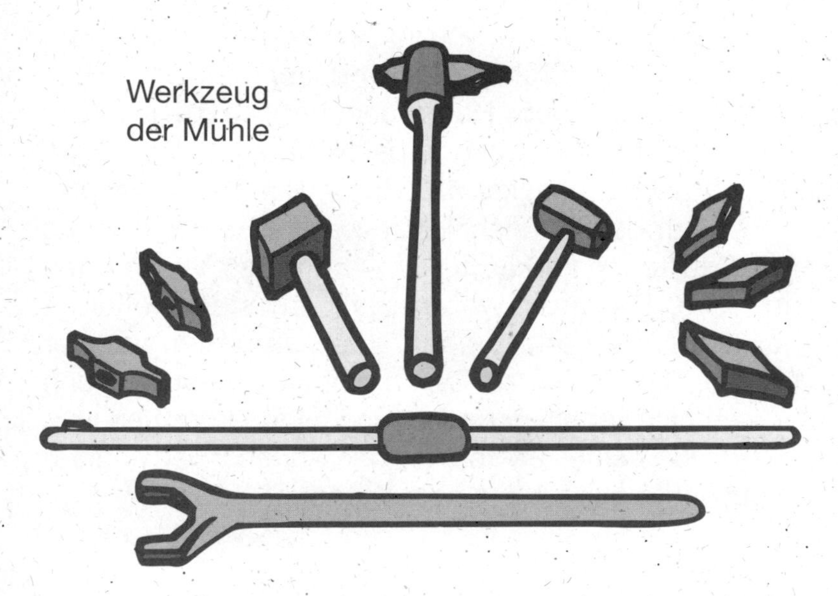

Das Leben des Müllers

Dem Müller gehörte in der Regel die Mühle. Er erhielt sie entweder durch Kauf oder durch Erbschaft, wenn er seine Lehrzeit beendet hatte und sich Meister nennen konnte. Bis dahin war es aber ein langer Weg:
Die Lehrzeit dauerte 3 Jahre. In dieser Zeit war er ein Lehrling. Nach dieser Zeit nannte man den jungen Mann einen Jung-Gesellen. Jetzt begann seine Wanderschaft. Er wanderte durch ganz Deutschland und lernte noch viel dazu. Wieder zu Hause eingetroffen, arbeitete er als Alt-Geselle bei seinem früheren Lehrmeister bis zu seiner Meisterprüfung.
Die Müller waren Leute, die noch ihre Mühlen von oben bis unten selber erbauen konnten. Sie waren Techniker und Geschäftsmänner in einem und brauchten auch keinen Doktor für ihre Pferde.
Sie mußten die Mahlsteine immer wieder schärfen und ständig in der Mühle sein und auf das Schellenzeichen hören (auch "Hahn" genannt), um neues Korn aufzuschütten (bei Tag und bei Nacht!).
Manchmal kam es vor, daß der Müller sogar mitsamt seiner Familie als "unehrlich" erklärt wurde, weil er das Mehl zu teuer verkaufte oder sonstige Verbrechen ausübte. Darunter waren auch an sich vielleicht harmlosere Übertretungen oder Umgehungen der bestehenden Gesetze. Damit gingen ihm, auch wenn er sich nicht das Geringste zuschulden kommen ließ, alle jenen Rechte verloren, die den Angehörigen anderer Handwerke ohne weiteres zustanden.

Mit dem Müller teilten aber auch noch viele andere Berufe das Schicksal des "Unehrlichen": fahrende Künstler, Gaukler, Musiker, Barbiere (= Friseure) und Henker. Dagegen lehnten sich die unschuldigen Müller natürlich auf! Gegen den Spott der Bevölkerung setzten sich die Müller beispielsweise durch Sprüche an ihrer Mühle zur Wehr:

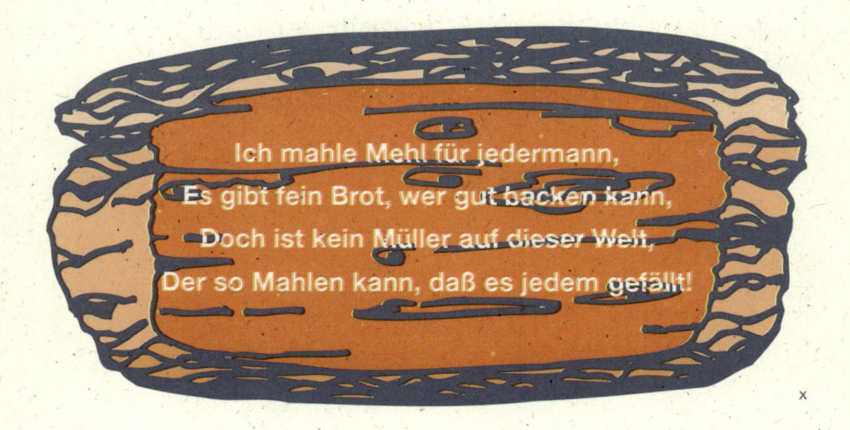

x

Und der gottesfürchtige Müller tat seine Arbeit unter dem Motto:

x (Inschrift an der Kunstmühle Josef Eckert in Bamberg)

Es gibt viele Sprüche, Lieder und Geschichten über die frommen und verschlagenen, groben und kunstsinnigen, seltsamen und zauberhaften Müller, über ihr Handeln und Betrügen sowie ihre Wanderschaften. Müller und Mühlen gehören heute schon zum Vergangenem - es gibt nur noch ganz wenige.
Ganz in der Nähe des Museums "Heins Mühle" in Bendorf-Sayn findest Du noch eine richtig arbeitende Getreidemühle, die die Bäcker in der Bendorfer Umgebung noch heute mit Mehl versorgt:
Es ist die Mühle der Familie Bolkenius in Weitersburg.

Arbeitsauftrag

Schreibe alle Wörter heraus, die mit dem Leben des Müllers etwas zu tun haben. Unterscheide dabei zwischen

1. Namenwörtern und
2. Wiewörtern

Kontrolliere anschließend!
Die Kontrolle findest Du auf Seite 90.

Das Wandern ist des Müllers Lust

Früher war das Wandern durch die Welt für alle handwerklichen Berufe von großer Bedeutung! So gingen auch fremde Müllergesellen auf die Wanderschaft, um viel von der Welt zu sehen, viele Mühlen kennenzulernen und dadurch viel dazuzulernen.
In einer Mühle angekommen, sprachen sie beim Müllermeister vor, um nach Arbeit zu fragen und das übliche Geschenk in Empfang zu nehmen:
Das **Vorsprechen** erfolgte in ganz bestimmter Form. Beim Eintritt in die Mühle legte der wandernde Müllergeselle zunächst seinen sogenannten "**Berliner**" ab (das war seine **Reisegepäckrolle**), den er mit einem Riemen über die Schulter gehängt trug, und legte ihn auf die Mühlentreppe. Dabei steckte er seinen **Knotenstock** zwischen die zweite und dritte Treppenstufe.
Nun meldete er sich beim Meister oder Gesellen mit dem alten **Müllergruß** "**Glück zu!**", der ihm mit "**Willkommen!**" antwortete. Daraufhin folgte vom wandernden Gesellen "**Besten Gruß vom letzten Meister und Gesellen!**".
Nun erst zeigte der reisende Müllergeselle seine **Papiere**, wofür der Meister sich bedankte. Dann begann die **persönliche Unterhaltung**.
Wenn dringende Arbeit vorlag, wurde der Wanderer gebeten, gegen Tagelohn, Kost und Logis (= Unterkunft) **mitzuhelfen**. Andernfalls wurde er freundlich mit Frühstück, Mittagessen oder Abendbrot (Vesper)

bewirtet, erhielt sein **Reisegeld** und verabschiedete sich wieder mit dem gewohnten **Gruß "Glück zu!"**.

Arbeitsauftrag

Suche Dir einen Partner und spiele die oben beschriebene Situation nach.
Achte dabei auf die richtige Reihenfolge und die speziellen Grußformeln!

Die Mühle

von Stefan Andres

Bei Tag und Nacht war im ganzen Hause vom Keller bis zum Speicher die klappernde Stimme der Mühle zu hören. Hatte die Mühle nichts mehr zu fressen, so schrie der Hahn. Er war aus Holz, saß auf dem Rand des Trichters und schaute mit dem Kopf tief gebückt auf das Korn, das unten langsam verschwand. Es kam mir seltsam vor, daß die Mühle, wenn sie nichts mehr zu fressen hatte, nicht selber schrie, sondern den Hahn dazu brauchte.

"Lüllüllüll-lüllüllüll" schrie er und warf sich mit aller Gewalt nach hinten und machte so lange Lärm, bis der Trichter wieder gefüllt war. In der Nacht, wenn ich schlecht geträumt hatte, wurde ich vom Mühlenhahn geweckt. Dann sah ich, wenn der Mond schien, wie der Vater mit beiden Beinen aus dem Bett sprang und ohne die Kerze anzumachen in die Hose schlüpfte, die am Bettpfosten bereit hing, und durch die Hose hindurch in die Pantoffel, die er jeden Abend genau an denselben Platz stellte. Schellte der Hahn tagsüber, sprang sofort, selbst wenn wir bei Tisch saßen, der Vater auf oder, falls er mit dem Mehlwagen unterwegs war, der Knecht. Der Löffel flog neben den Teller, der Stuhl ruckte, die Türe knallte. Die Mühle hatte Hunger, der Hahn rief das durchs Haus, und man lief, sie zu füttern. Das war anders, als wenn die Schweine oder die Kühe vor Hunger ihre Stimmen erhoben oder das Neugeborene in der Knickwiesisch-Mühle. Die Mühle war, das hörte man aus der Stimme des Hahns, sehr erzürnt. Auch

die Mienen derer, die zum Aufschütten eilten, sahen aus, als fürchteten sie, die Mühle könnte plötzlich zu schimpfen anfangen, ihren Trichterkopf gewaltig schütteln und auf ihren Stein- und Eisenrädern durchs ganze Haus laufen, bis auf den Speicher, wo viele dralle Säcke standen und Berge von Korn in den Winkeln lagen. Darum liefen die großen Leute so gehorsam zur Mühle hin, das war gewiß, und darum dachte ich nicht weiter darüber nach.
Freundlich war die Mühle überhaupt nur anzusehen, wenn sie mit vollen Backen kaute. Dann zitterte alles an ihr, ihre Kinnladen klapperten im Takt und ihr Bauch wackelte.
Manchmal war die Mühle krank. Dann nahm Vater den Trichter ab, zog der Mühle den hölzernen Rock aus, und ein langer Eisenkerl, so dürr wie ein Weberknecht, der immer steif neben der Mühle stand, beugte sich über die runden Steine. Mit zwei seiner eisernen Spinnenarme packte er den oberen Stein an den Seiten und hob ihn hoch, ohne zu keuchen, ohne "Hauruck" - ohne alles, ganz leise. Und der Vater drehte den Stein herum, bis die untere Seite nach oben kam, und der eiserne Weberknecht ließ den Mühlstein auf den unteren herabsinken, ganz sacht, als ob er`s nur zum Spiel machte. Alsdann nahm der Vater seinen Schärfhammer, setzte eine Brille auf, die seine Augen ganz verbarg, daß er wie ein Käfer aussah, und legte auf den Stein einen Sack. Er setzte sich darauf und begann mit dem geschärften Hammer auf den Stein zu schlagen. "Pick-pick-pick" machte es, die Funken stoben, winzige, helle Steinchen flogen umher, und Vater rief mir zu: ich sollt ja nicht zu nahe kommen. Ich fragte ihn dann

vielerlei, etwa, ob der eiserne Weberknecht jetzt nicht müde wär? Ob der Hammer der Mühle nicht wehtät? Ob ich auch Schrenzen in den Mühlstein machen dürft? So hießen die Mahlrillen, die von der Mitte des Steins nach außen liefen. Als ich einmal, da der Vater für eine Weile weggegangen war, mit dem Schärfhammer in den Stein gepickt hatte, kam er darüber und zog mir, wie er sagte, ein paar Schrenzen übers Gesäß.
Wenn die Mühle wieder heil und gesund war und der hölzerne Hahn wieder gebückt in den Trichter guckte, als wollte er in die Körnerfülle hineinpicken, kletterte ich das Treppchen hinauf, lehnte meine Arme auf den Rand des Trichters, legte das Kinn auf die Hände und schaute zu. Vor mir geschah etwas Unfaßliches. Ich vergaß, daß ich in einen Mühltrichter blickte und daß diese kleinen Körperchen Korn waren. Ich sah nur eine gelbe Landschaft, darin in der Mitte ein goldener Berg lag. Der Berg versank langsam, und es gab dann einen Augenblick, da war der Berg eine Ebene geworden. Gleich darauf entstand ein Tal. Oft griffen meine Hände in die schöne Gleichförmigkeit der Körner und machten Unordnung. Ich wartete und sah zu, wie die Spuren meines Tuns langsam vergingen, wie wiederum eine Ebene entstand, eine sanfte Kaule in der Ebene, wie sich ein Runten rund um die Mitte bildete, aus dem Runten ein Hang, aus dem Hang eine Berglehne und schließlich ein Rutsch, auf der alles den Berg herab nachkam und das tiefe Tal wieder füllte. War das Korn bis auf einen kleinen Rest verschwunden, sprang plötzlich an der Seite das Klappbrett nach oben, der Hahn warf sich nach hinten, nach vorn und gellte und schellte; der Berg war fort, die Ebene war fort, das

Tal war fort. Ich blickte dem in der schüttelnden Öffnung entschwundenen Korn traurig nach. Aber Vater hatte mir den Weg gezeigt, den das gemahlene Korn hinterher nahm. Das Korn mußte ja gemahlen werden, hatte er gesagt, sonst hätten die Menschen kein Brot. Trotzdem sagte ich oft: "Die armen, schönen Körner!" ...

Arbeitsauftrag

1. Einzelarbeit: Lies Dir den Text leise gut durch!
2. Partnerarbeit: Lest Euch den Text gegenseitig laut vor.

Schreibt auf, welche Eindrücke das Kind in der Mühle seines Vaters sammelt! (Was sieht es, was hört es und was könnte es riechen?)

Die Kontrolle findet Ihr auf Seite 91.

Ein zweibeiniger Hamster im Mühlrad

Eine Bildergeschichte

Das Kinn in der Hand, im Grase die Bein
so sitzt der Mühlenhannes auf einem Stein,
und überlegt, wie könnte ich`s erzwingen
die Mühle zum Stillstehen einmal zu bringen?

Weiter oben, so denkt er, an günstiger Stelle
könnt` ich ableiten den Mühlbach über die Wiesen
des Bauern Melle!

Das Mühlrad wird langsam und ächzt und ach -
steht schließlich stille, wer hätt`s gedacht.

Gespenstige Stille in der Mühle, die Zahnräder ruhn,
der Rüttelschuh nicht klopft, die Mühlsteine nichts tun.
Die Mühl` noch nie stand stille,
der Müller greift zur Brille
und rastlos suchend nach dem Grunde,
bellen sogar auch noch die Hunde.

Das Mühlrad dreht nicht mehr, es ist ihm zum Heulen,
aus dem trockenen Bachbett sich auch noch die letzten
Fischlein verkräulen.

Langsam folgt er dem Bachlauf bis oben zur Stell,
wo Hannes das Wasser staut, eifrig und schnell.

Doch noch bevor der Hannes weglaufen kann,
schleppt ihn der Müller am Mühlgraben entlang.
Er zappelt und jammert, das nützt ihm nichts,
die Strafe erwartet den Taugenichts.

Wie ein Hamster im Käfig muß er laufen - trapp, trapp,
so daß sich wieder drehen kann das Mühlenrad,
und der Rüttelschuh klopft, und die Mahlsteine mahlen
das Korn zu Mehl unter Hannes Qualen!
Drum denkt dran ihr Kinder, wenn ihr Brot eßt am Tisch,
seid immer schön artig, Streiche lohnen sich nicht.

"Mühlen"- Gedichte

Die Mühlen

von Friedrich Georg Jünger

Oft faßt den Wanderer ein Grausen,
Hört er im Tal die Mühlen gehen,
Die Räder, die saturnisch sausen,
Die Wasser, die sich dunkel drehen.

O welches Reiben, Wehn und Klirren
Von Sieb und Hauen, wie es schüttelt!
Wie ächzt es laut in den Geschirren,
Das nimmermüde Werk, es rüttelt.

Hier ist kein Ruhen, kein Verweilen.
Wie Hungernde, die durch die Leere
Der Zeiten rastlos fliehn und eilen,
So stürzen rauschend über Wehre

Die wilden Wasser auf die Reise,
Das Mahlwerk ächzt, und Riemen, Scheiben
Und runde Steine gehn im Kreise.
Nichts will an seinem Orte bleiben.

("saturnisch" bedeutet: schnell, im Kreis)

Westermühlen

von Theodor Storm

Die Heimat hier und hier dein erster Traum!
Das Mühlrad rauscht, so lustig stäubt der Schaum,
Und unten blinkt der Bach in tiefem Schweigen,
Ein Spiegelgrund, drin blau der Himmel ruht.
Vom Ufer rings mit ihren dunklen Zweigen
Taucht sich die Erle in die klare Flut.
Horch, Peitschenknall und muntrer Pferdetrab!
Die Räder knirschen durch den feuchten Sand.
Halt an, halt an! Nun sacht den Berg hinab
Und durch den Bach zum andern Uferrand.
Dann wieder aufwärts links den Weg entlang
Hinauf zur Mühle mit des Kornes Last,
Wo von der Eiche unermüdlich klang
Der Stare fröhlich Plaudern hoch vom Ast.
Zehn Schritte noch, da steht im Schattengrunde
Der Linden halb versteckt das Müllerhaus;
Der Müller mit der Tabakspfeif im Munde
Lehnt in der Tür und schaut behaglich aus.

Das Brot

von Wilhelm Busch

Er saß beim Frühstück äußerst grämlich,
Da sprach ein Krümchen Brot vernehmlich:
Aha, so ist es mit dem Orden
Für diesmal wieder nichts geworden.
Ja, Freund, wer seinen Blick erweitert
Und schaut nach hinten und nach vorn,
Der preist den Kummer, denn er läutert.

Ich selber war ein Weizenkorn.
Mit vielen, die mir anverwandt,
Lag ich im lauen Ackerland.
Bedrückt von meinem Erdenkloß,
Macht` ich mich mutig strebend los.
Gleich kam ein alter Has gehupft
Und hat mich an der Nas gezupft,
Und als ich reif mit meiner Sippe,
O weh, da hat mit seiner Hippe
Der Hans uns rutschweg abgesäbelt
Und zum Ersticken festgeknebelt
Und auf die Tenne fortgeschafft,
Wo ihrer vier mit voller Kraft
Im regelrechten Flegeltakte
Uns klopften, daß die Schwarte knackte!

(Erklärungen zur nächsten Seite:
Trog = Faß, Behälter / baß = sehr / gehudelt = nachlässig handeln, nachlässig sein)

Ein Esel trug uns nach der Mühle.
Ich sage dir, das sind Gefühle,
Wenn man zerrieben und gedrillt
Zum allerfeinsten Staubgebild,
Sich kaum besinnt und fast vergißt,
Ob Sonntag oder Montag ist.
Und schließlich schob der Bäckermeister,
Nachdem wir erst als zäher Kleister
In seinem Troge baß gehudelt,
Vermengt, geknetet und vernudelt,
Uns in des Ofens höchste Glut.
Jetzt sind wir Brot. Ist das nicht gut?
Frischauf, du hast genug, mein Lieber,
Greif zu und schneide nicht zu knapp
und streiche tüchtig Butter drüber
Und gib den andern auch was ab.

Erntelied

von Richard Dehmel

Es steht ein goldnes Garbenfeld,
das geht bis an den Rand der Welt.
Mahle, Mühle, mahle!

Es stockt der Wind im weiten Land,
viel Mühlen stehn am Himmelsrand.
Mahle, Mühle, mahle!

Es kommt ein dunkles Abendrot,
viel arme Leute schrein nach Brot.
Mahle, Mühle, mahle!

Es hält die Nacht den Sturm im Schoß,
und morgen geht die Arbeit los.
Mahle, Mühle, mahle!

Es fegt der Sturm, die Felder rein,
es wird kein Mensch mehr Hunger schrein.
Mahle, Mühle, mahle!

Gleich können wir gemeinsam musizieren und singen!

"Mühlen"-Lieder

Verschbädung

Volkslied (moselfränk.-lothring.) aus dem 16.Jhd.,
überarbeitet von Manfred Pohlmann

Schluß: Strophe 6

Modder, Modder et hungert mich,
Gef ma Brut sonst schtärwe ich!

2

Waat nur af mein godes Kend,
Morje wolle ma säje geschwend.
Als dat Feld gesäet war,
Schreit dat Kend noch emmerdar:

Modder, Modder et hungert mich,
Gef ma Brut, sonst schtärwe ich!

3

Waat nur af mein godes Kend,
Morje wolle ma ärnde geschwend.
Als dat Feld geschnidde war,
Schreit dat Kend noch emmerdar:

Modder, Modder et hungert mich,
Gef ma Brut sonst schtärwe ich!

4

Waat nur af mein godes Kend,
Morje wolle ma dräsche geschwend.
Als dat Korn gedrosche war,
Schreit dat Kend noch emmerdar:

Modder, Modder et hungert mich,
Gef ma Brut sonst schtärwe ich!

5

Waat nur af mein godes Kend,
Morje wolle ma mahle geschwend.
Als dat Korn gemahle war,
Schreit dat Kend noch emmerdar:

Modder, Modder et hungert mich,
Gef ma Brut sonst schtärwe ich!

6

Waat nur af mein godes Kend,
Morje wolle ma bagge geschwend.
Als dat Brut gebagge war -
Leid dat Kend of da Dudebar.

Verstehst Du alle Wörter?
Hier erhältst Du eine kleine Hilfe:
schtärwe = sterbe (Grundform: sterben), godes Kend = gutes Kind, morje = morgen, ackere = ackern (= das Feld wird aufgelockert), geschwend = geschwind (= schnell), emmerdar = immer, säje = säen, ärnde = ernten, geschnidde = geschnitten, dräsche = dreschen (= das Getreide wird ausgeklopft, damit das Korn herausfällt), mahle = mahlen (das Korn wird zerrieben und die Kornhülsen vom Mehl getrennt), bagge = backen, leid = liegt (Grundform: liegen), Dudebar = Totenbare

Arbeitsauftrag

1. Bis das Brot gebacken werden kann, muß die Mutter viel arbeiten! Unterstreiche im Liedtext alle Arbeitsschritte (Tunwörter)!
2. Überlege, warum das Kind sterben mußte!
Die Kontrolle findest Du auf Seite 92.

Früher, als es noch keine Wasser- oder Windmühlen gab, mußten die Menschen immer ihr Korn selbst zerreiben; dazu verwendeten sie spezielle **Reibsteine**. Solche Reibsteine kann man heute noch, zum Beispiel in der **Genovevaburg (Eifeler Landschaftsmuseum) in Mayen**, besichtigen!
Heute sind es die armen Länder der Welt, in denen noch auf diese beschwerliche Art beispielsweise Hirse zerstampft und zerrieben wird (Afrika).

Es klappert die Mühle am rauschenden Bach

Text: Ernst Anschütz (1824),
Melodie: Volksweise (18. Jahrhundert)

Flink laufen die Räder und drehen den Stein,
klipp, klapp!
Und mahlen den Weizen zu Mehl uns so fein,
klipp, klapp!
Der Bäcker den Zwieback und Kuchen draus bäckt,
der immer den Kindern besonders gut schmeckt.
Klipp, klapp, klipp, klapp, klipp, klapp!

Wenn reichliche Körner das Ackerfeld trägt,
klipp, klapp!
Die Mühle dann flink ihre Räder bewegt,
klipp, klapp!
Und schenkt uns der Himmel nurr immer das Brot,
so sind wir geborgen und leiden nicht Not.
Klipp, klapp, klipp, klapp, klipp, klapp!

Arbeitsauftrag

Ob es in der "Heins Mühle" auch solch ein Klappern gibt?
Suche danach!
Die Kontrolle findest Du auf Seite 92.

Das Wandern ist des Müllers Lust

Text: Wilhelm Müller (1818),
Melodie: Karl F. Zöllner (1844)

2

Vom Wasser haben wir`s gelernt,
vom Wasser haben wir`s gelernt, vom Wasser.
Das hat nicht Ruh` bei Tag und Nacht,
ist stets auf Wanderschaft bedacht,
ist stets auf Wanderschaft bedacht, das Wasser.

3

Das seh`n wir auch den Rädern ab,
das seh`n wir auch den Rädern ab, den Rädern.
Die gar nicht gerne stille steh`n
und sich am Tag nicht müde dreh`n,
und sich am Tag nicht müde dreh`n, die Räder.

4

Die Steine selbst, so schwer sie sind,
die Steine selbst, so schwer sie sind, die Steine.
Sie tanzen mit den munter`n Reih`n
und wollen gar noch schneller sein,
und wollen gar noch schneller sein, die Steine.

5

O Wandern, Wandern meine Lust,
o Wandern, Wandern meine Lust, o Wandern!
Herr Meister und Frau Meisterin,
laßt mich in Frieden weiter zieh`n,
laßt mich in Frieden weiter zieh`n und wandern!

Der Müller hat ein Mühlenhaus

Text und Melodie: Adolf Lohmann

Der Bäcker, der backt weiße Wecken,
wi-wa-weiße Wecken,
braunes Brot und Streuselschnecken,
Stri-Stra-Streuselschnecken.
Weiße Wecken - Streuselschnecken - Mühlenhaus -
Mehl heraus: So sieht unsre Wirtschaft aus.

Der Schlachter schlacht` ein feinstes Schwein,
fi-fa-feinstes Schwein, und pökelt Speck und Schinken ein, Schi-Scha-Schinken ein.
Feinstes Schwein - Schinken ein - weiße Wecken - Streuselschnecken - Mühlenhaus - Mehl heraus:
So sieht unsre Wirtschaft aus.

Der Bauer hat `ne bunte Kuh, bi-ba-bunte Kuh, die gibt uns Milch und Butter dazu, Bi-Ba-Butter dazu.
Bunte Kuh - Butter dazu - feinstes Schwein - Schinken ein - weiße Wecken - Streuselschnecken -
Mühlenhaus - Mehl heraus:
So sieht unsre Wirtschaft aus.

Die Henne macht ein laut Geschrei, li-la-laut Geschrei, und legt dabei ein frisches Ei, fri-fra-frisches Ei.
Laut Geschrei - frisches Ei - bunte Kuh - Butter dazu - feinstes Schwein - Schinken ein - weiße Wecken -
Streuselschnecken - Mühlenhaus - Mehl heraus:
So sieht unsre Wirtschaft aus.

Arbeitsauftrag

Das Lied erzählt von 4 Berufen. Schreibe sie auf.
Die Kontrolle findest Du auf Seite 93.

Allein im Mühlental

An einem heißen Sommertag schlenderte der Mühlenhannes den Mühlgraben der Mühle auf und ab. Er hörte die Vögel zwitschern und das Wasser beruhigend plätschern. Eben hatte er neues Korn eingefüllt und mußte nun auf das Glöckchen warten. Er setzte sich in die duftige Wiese und blickte in den Himmel. Schäfchenwolken zogen vorüber. Wie er so da saß, blendete ihn plötzlich etwas so sehr, daß er sich erst einmal seine Augen kräftig reiben mußte. Der grelle Schein kam aus dem Wasser. Schnell legte sich der Mühlenhannes auf den Bauch, ganz dicht an den Graben und griff ins Wasser. Es waren drei golden glitzernde Steine. Sie waren so wunderschön anzusehen, daß er fast das Glöckchen in der Mühle überhört hätte. Schnell steckte er sich die Steine in seine Hosentasche und lief in die Mühle, um neues Korn nachzufüllen. Als die Arbeit getan war, dachte er nach und kam zu dem Schluß, daß solch einmalig schöne Steine sicher sehr wertvoll sein müßten.Er eilte in seine Schlafstube, öffnete die Schublade seines Nachttischchens, entnahm ein rotes Samttuch und legte dieses in eine kleine hölzerne Schatulle. Anschließend wickelte er dort die Steine, die jetzt sein Schatz waren, ein und verschloß sorgfältig die Schatulle. Er nahm noch eine kleine Schaufel mit und machte sich dann auf den Weg in den Wald, nachdem er sich schnell noch vergewisserte, daß die Mahlsteine mit genügend Korn versorgt waren.

Auf dem Weg dachte er bei sich: "Ein so wertvoller Schatz muß besonders gut versteckt werden, weil es in dieser Gegend nur so von Banditen wimmelt!" Er hatte den Gedanken noch nicht ganz zu Ende gedacht, da bekam er ein mulmiges Gefühl in seinen Bauch.
Es war ein langer Fußmarsch und der Mühlenhannes ging immer tiefer in den Wald. Bald mußte sie kommen, die alte Buche, in die schon der Blitz eingeschlagen hatte. Unter diesem alten Baum wollte er seinen Schatz vergraben.
Doch plötzlich wurde es immer dunkler und die Vögel hörten auf zu singen. Ein kalter Wind kam auf und pfiff bedrohlich durch die Äste. Dann blitzte es, und kurze Zeit später donnerte es auch. Das mußte ein Gewitter sein. Dem Mühlenhannes wurde angst und bange. Er lief so schnell er konnte wieder heim! Aber das war doch nicht der Weg, den er gekommen war! Er drehte sich um, und sah ringsum nur Bäume. In seiner Angst war er vom Weg abgekommen und hatte sich verlaufen. Doch was war das? Plötzlich huschte ein Schatten hinter einen Baum ...

Arbeitsauftrag

Erzähle diese Geschichte zu Ende!
Wird der Mühlenhannes den Weg zur Mühle zurückfinden?
Was war das für ein Schatten?

"Mühlen" in Stadt- und Familiennamen

1. Familiennamen

Oftmals haben Familiennamen (oder auch "Nachnamen" genannt) etwas mit zu früheren Zeiten ausgeübten Berufen der Familie zu tun.
Unter den Vorfahren der Familie Schneider zum Beispiel gab es irgendwann einmal tatsächlich einen Schneider, der vielleicht für einen Grafen, Fürsten oder sogar König Kleider angefertigt hatte.
So ist das auch bei dem Beruf des Müllers gewesen! Den Namen "Müller" gibt es heute sehr oft. Du kennst bestimmt auch Kinder oder Erwachsene, die so heißen. In enger Verbindung dazu stehen auch die Familiennamen, in denen man das Wörtchen "Mühle" findet, wie beispielsweise "Mühlbauer" oder "Mühlmeister". Es gibt aber noch viel mehr Namen mit "Müller" oder "Mühle"!

Arbeitsauftrag

Fallen Dir noch Namen ein?
Nimm das Telefonbuch zur Hilfe und schreibe auf!

2. Städtenamen

Ähnlich der Familiennamen stehen auch Ortsnamen in enger Verbindung mit Mühlen. In Städten wie "Mühlegg", "Mühlberg" oder "Mühlburg" muß es also früher einmal Mühlen gegeben haben - vielleicht gibt es dort sogar heute noch einige!
In Deutschland gibt es noch andere Städte oder Orte, die das Wörtchen "Mühle" mit sich tragen.

Arbeitsauftrag

Suche sie im Atlas!
Das Städteregister (ganz hinten im Atlas) hilft Dir dabei.
Schreibe die Städtenamen auf und nenne die nächst größere Stadt in der Nähe!

Beispiel: Mühlacker = nord-westlich von Stuttgart

Das Schärfen der Mahlsteine

Zum Mahlen braucht man immer zwei Steine. In der Mühle ist das der **Bodenstein**, der fest verankert ist und der **Läuferstein**, der sich auf dem Bodenstein dreht.
Einmal im Monat mußten beim dauernden Mahlen die Mahlsteine gereinigt und geschärft werden.
Dazu wurde der obere Stein, also der Läuferstein, mit Hilfe des sogenannten "**Galgens**" abgehoben.

Die Mahlsteine haben zwei verschiedene Arten von Rillen:

1. die sogenannten "Luftfurchen" und
2. die sogenannten "Arbeitsfurchen".

Die **Luftfurchen** haben die Aufgabe, die beim Mahlen entstehende Wärme abzuleiten und frische Luft zuzuführen. Der Müller schlug zunächst tiefe Rillen in den Stein. Diese Rillen nennt man "**Schranzen**". Dazu brauchte er einen "**Wacken- oder Kraushammer**" (Zweispitz), dessen Schlagfläche wie lauter kleine Würfel aussieht (ähnlich: die Innenseite eines Waffeleisens).

Die Schranzen laufen als Hauptfurchen gerade oder gebogen von außen zur Steinmitte, dem sogenannten "**Steinauge**". Sie haben auch noch Nebenfurchen, die von der Hauptrille abzweigen. Auf diese Weise wird der ganze Stein in Felder eingeteilt, die man "**Mahlbalken**" nennt.

Die **Arbeitsfurchen** zerkleinern das Korn. Mit den sogenannten "**Pillen**" schlug der Müller feine Rillen in den Mahlstein, die neben den Schranzen, den tiefen Rillen, verlaufen. Die Arbeitsfurchen nennt man auch "**Schärfrillen**".

Je dichter und feiner sie sind, desto besser wird später das Korn zerrieben.

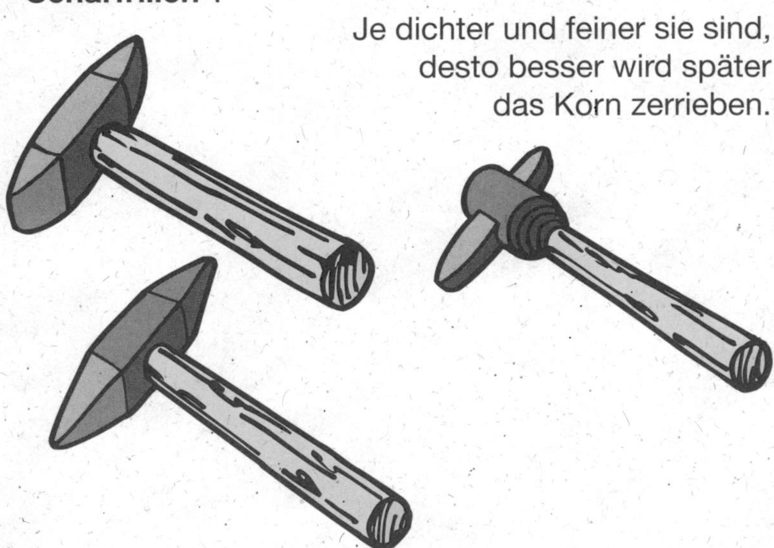

Ich baue mir ein Wasserrad

Das brauche ich dafür:

Werkzeug:

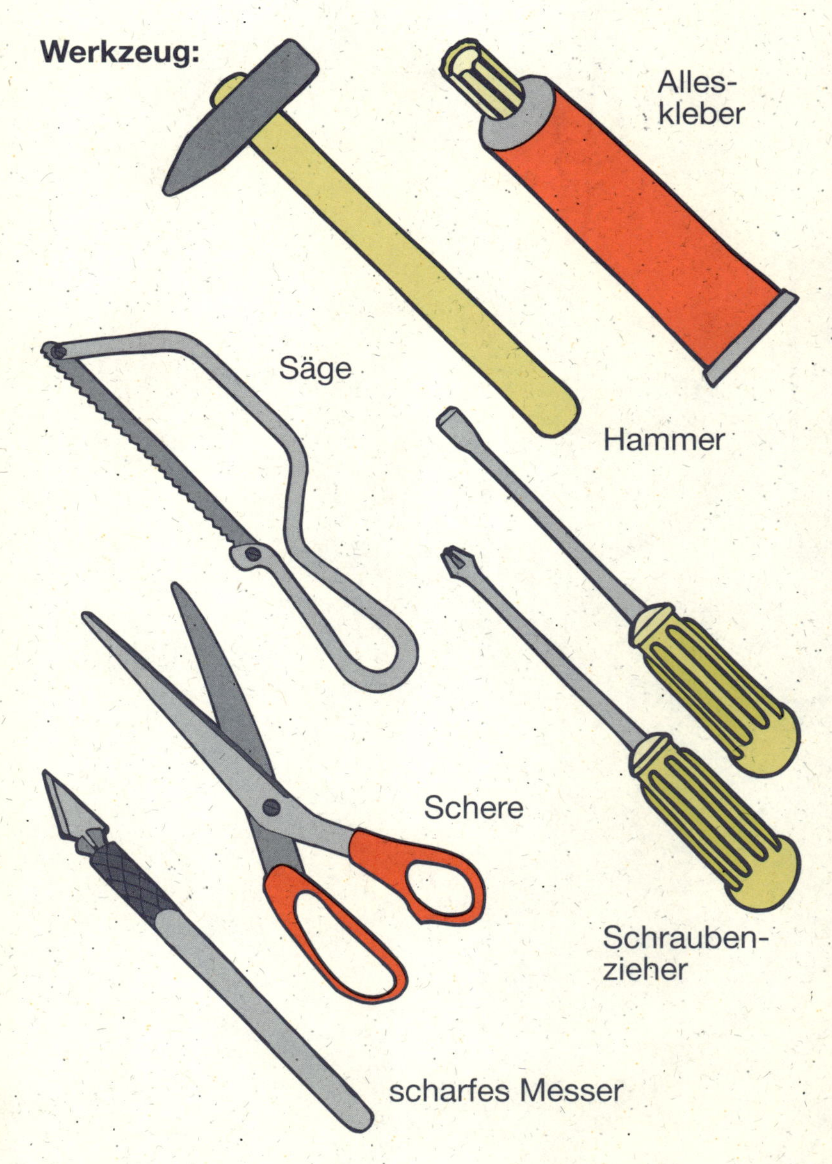

Material:

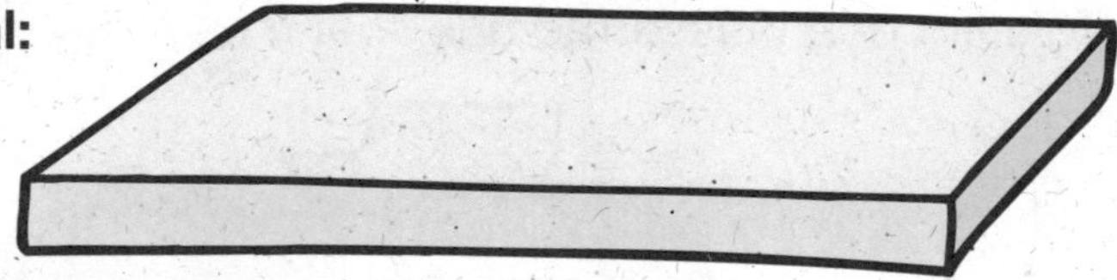

eine Grundplatte:
ein Holzbrettchen mit den Maßen:
25 cm lang, 10 cm breit, 1,3 cm dick

zwei Winkeleisen
mit 8 cm Seitenlänge

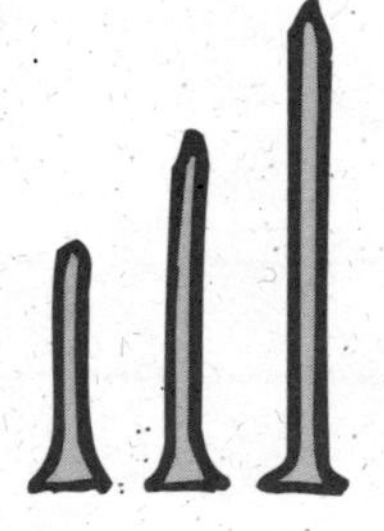

drei Nägel
mit den Längen:
1,5 cm
2,5 cm
3,5 cm

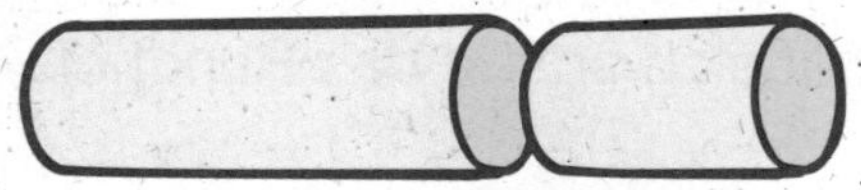

zwei weiche Rundhölzer:
4,5 und 1,5 cm lang, z.B. Abachiholz
mit einem Durchmesser von 2 cm

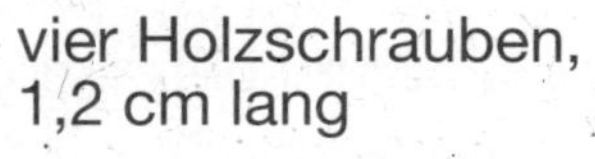

vier Holzschrauben,
1,2 cm lang

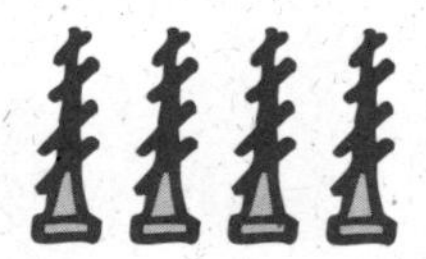

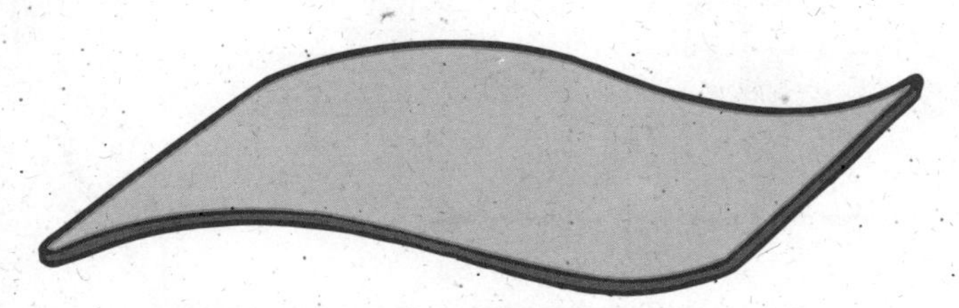

ein schneid- und biegsames dünnes Blech:
z. B. dünnes Kupferblech,
20 cm lang und 10 cm breit

So sieht das Wasserrad aus, wenn es fertig ist:

Wenn Du Schritt für Schritt die Teile zusammenfügst, hast Du bald Dein eigenes, selbstgebautes Wasserrad.

Schritt 1:
Schraube die zwei Winkeleisen mit den Holzschrauben auf die Grundplatte. Der Abstand der beiden Winkel muß 5 cm betragen, damit sich später das Rundholz darin gut drehen läßt.

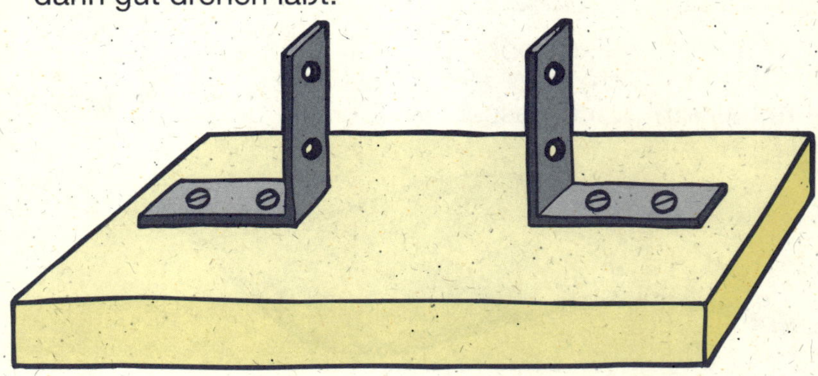

Schritt 2:

Schneide mit der Schere aus dem dünnen Blech 6 gleich große Stücke mit den Maßen 3 cm x 2,5 cm aus, die nachher als Schaufeln des Wasserrades dienen. Schneide außerdem einen 6 cm langen und 1 cm breiten Blechstreifen aus. Das wird später der Geschwindigkeitszähler oder Umdrehungszähler.

Schritt 3:

Nimm den 6 cm langen und 1 cm breiten Blechstreifen, zeichne Dir in der Länge 1 cm ab, und biege den Streifen an dieser Stelle so, daß sich ein rechter Winkel ergibt.

Schritt 4:

Drehe an dem rechten Winkeleisen die innere Holzschraube wieder los.
(siehe Pfeil)

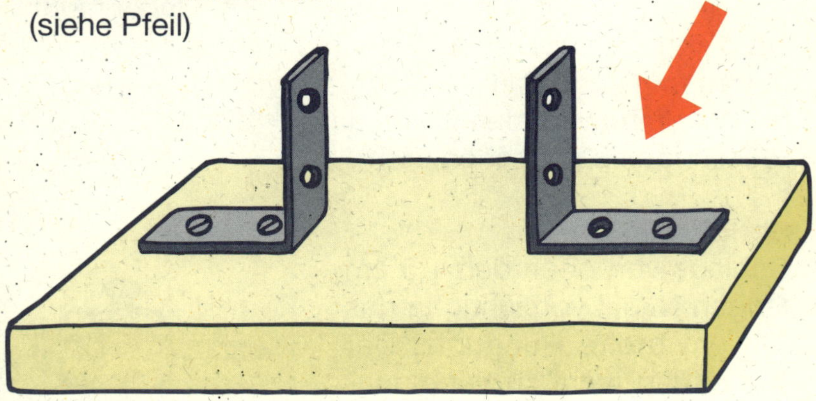

Schritt 5:

Schlage mit dem Hammer und einem Nagel ein kleines Loch in das kurze Stück des gebogenen Blechstreifens. Setze den abgewinkelten Blechstreifen nun so auf den Metallwinkel, daß die Löcher des Metallwinkels und des Blechstreifens übereinanderliegen. Schraube nun die in Schritt 4 herausgedrehte Holzschraube wieder hinein. Jetzt sitzt der Geschwindigkeitsmesser fest.

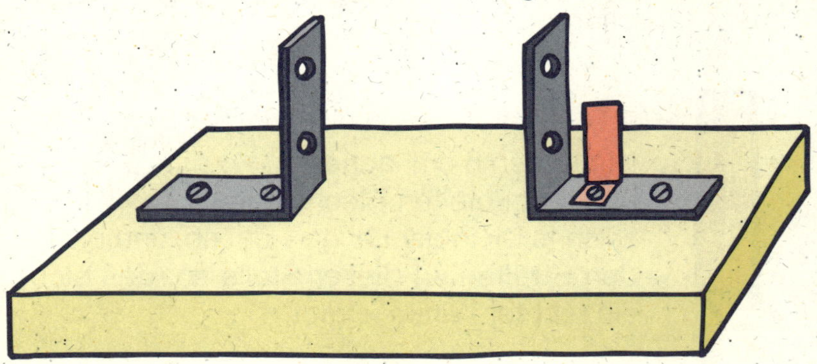

Schritt 6:

Nun wird der 3,5 cm lange Nagel durch die Mitte des 1,5 cm breiten Rundholzes geschlagen. Dabei mußt Du darauf achten, daß Du genau die Mitte des Rundholzes triffst und daß der Nagel nicht krumm wird, damit sich das Wasserrad später schön dreht.

Schritt 7:

Schlage von oben den 1,5 cm langen Nagel vorsichtig in das 1,5 cm breite Rundholz. Der Nagel darf nicht zu tief einge-

schlagen werden, weil er später den Blechstreifen berühren muß und damit durch das Klopfgeräusch die Geschwindigkeit des Wasserrades erkennen läßt. So erhältst Du einen Geschwindigkeitsmesser oder einen Umdrehungszähler, der Dir zeigt, wie schnell sich Dein Wasserrad dreht.

Schritt 8:

Nimm das 4,5 cm lange Abachirundholz und zeichne 6 gleich voneinander entfernte Punkte rings um das Rundholz ein. Nun schlitze mit einem scharfen Messer passende Kerben in das Rundholz ein, die später die Wasserschaufeln aufnehmen sollen. Da die Wasserschaufeln 3 cm breit sind, müssen die eingeschlitzten Kerben etwa 3,5 cm breit und 0,5 cm tief sein. Außerdem muß von den Kerben bis zum Rand des Rundholzes der gleiche Abstand sein, damit die Wasserschaufeln später genau in der Mitte des Rundholzes sitzen.

Jetzt kannst Du die Wasserschaufeln, die Du in Schritt 2 zugeschnitten hast, einpassen, den Sitz prüfen und eventuell die Kerben vertiefen. Ziehe die Blechschaufeln dann wieder heraus, da sie erst später entgültig befestigt werden.
Abachiholz läßt sich gut mit einem Messer bearbeiten, da es ein schnell wachsendes und dadurch ein weiches Holz ist.
Hierbei muß trotzdem ganz besondere Vorsicht geboten sein, damit Du Dich nicht schneidest.

Schritt 9:

Nimm das 1,5 cm breite Rundholz, in das Du in Schritt 6 und 7 zwei Nägel geschlagen hast, und stecke die Spitze des langen Nagels durch das obere Loch des rechten Metallwinkels. Halte nun das 4,5 cm breite Rundholz so zwischen die beiden Metallwinkel, daß Du mit dem herausragenden Nagel des kleinen Rundholzes ein Loch genau in die Mitte des größeren Rundholzes pieken kannst. Nimm den Hammer und schlage den Nagel als Achse in die Mitte des Rundholzes. Zwischen den Rundhölzern und dem Metallwinkel muß genügend Abstand sein, damit sich das Wasserrad nachher gut drehen läßt. Stecke den 2,5 cm langen Nagel durch das obere Loch des linken Metallwinkels, bohre mit der Spitze des Nagels ebenfalls ein kleines Loch in die Mitte des Rundholzes, nimm den Hammer und schlage den Nagel so weit in das Rundholz, daß sich die Achse noch gut drehen läßt. Jetzt ist die Achse des Wasserrades fertig.

Schritt 10:
Stecke nun die Blechschaufeln in die Schlitze des Rundholzes. Um einen besseren Halt der Schaufeln zu erreichen, kannst Du auf die einzusteckende Seite des Bleches einen Tropfen Alleskleber geben. Jetzt ist Dein Wasserrad fertig!

Dein Wasserrad hat 6 kleine Wasserschaufeln. Das Wasserrad der "Heins Mühle" hat 42 Schaufeln, diese werden auch "**Zellen** " genannt. Eine Schaufel ist 140 cm breit, und das ganze Wasserrad hat einen Durchmesser von 380 cm.
Die Achse Deines Wasserrades hast Du aus zwei Nägeln gebaut. Beim Wasserrad der Wassermühle nennt man diese Achse "**Wellbaum**". Die "Heins Mühle" hat eine durchgehende Holzachse, die 280 cm lang ist und einen Durchmeser von 50 cm hat.

In Anlehnung an: Auernheimer 1977 (3.Aufl.), S. 40-41

Hast Du den Text auf den Seiten 69, 70 und 71 gut gelesen? Dann versuche jetzt das Rätsel zu lösen. Die Wörter im Text helfen Dir dabei. Trage die Antworten der Fragen in das nebenstehende Kreuzworträtsel neben der entsprechenden Nummer ein. Die waagerechten Wörter kannst Du aus den Fragen ermitteln, die senkrechten Wörter mußt Du zum Schluß selbst herausfinden. Die beiden roten Kästchen verraten Dir das Lösungswort. Die Kontrolle findest Du auf der Seite 93.

Fragen, die Dir beim Rätsel helfen:

1. Wie nennt man die Felder, in die der ganze Mahlstein eingeteilt ist?
2. Wie heißt der obere Mahlstein?
3. Die "Luftfurchen" haben noch einen anderen Namen!
4. Wie nennt man die Mitte eines Mahlsteins?
5. Wie heißen die feinen Rillen, die das Korn zerkleinern?

6. Wie nennt man das Werkzeug, mit dem die feinen Rillen geschlagen werden (Einzahl)?

7. Mit welcher Vorrichtung wird der Mahlstein zum Schärfen abgehoben (Einzahl)?

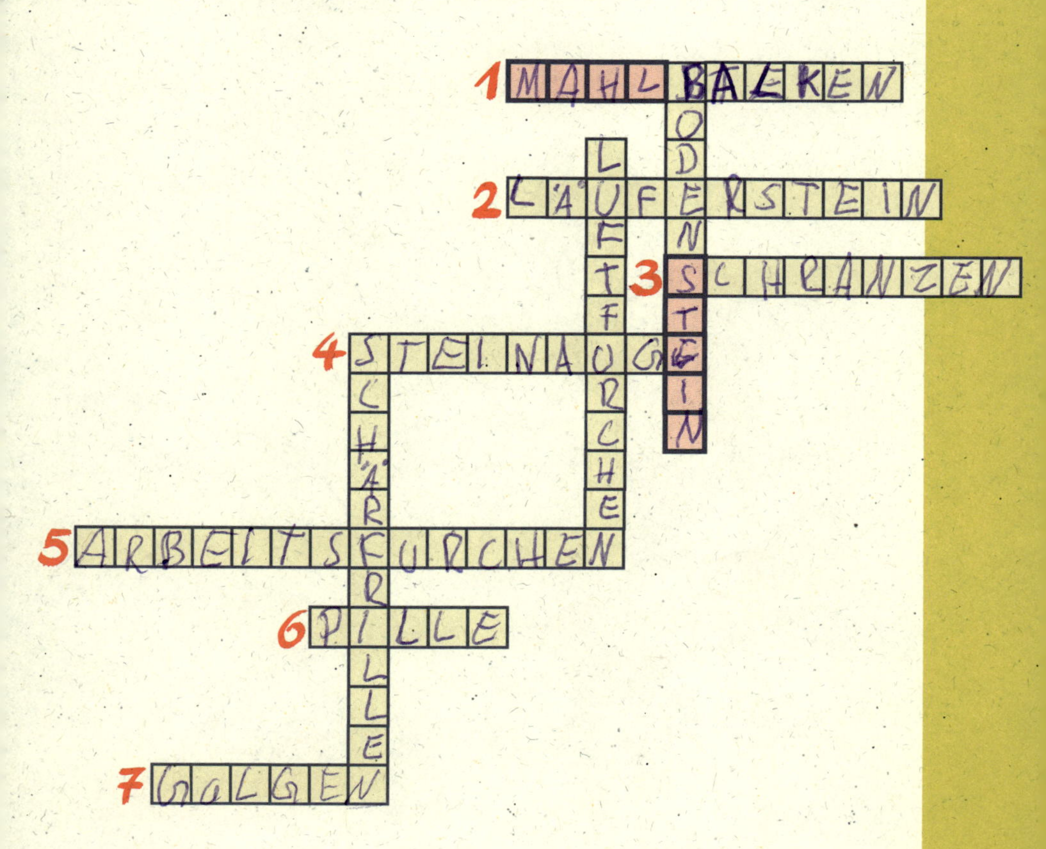

Das Lösungswort heißt:

Die verflixten Sieben

Beide Bilder vom Mühlenhannes sehen auf den ersten Blick völlig gleich aus. Doch auf dem rechten Bild fehlen sieben Dinge. Kannst Du sie finden?

Zahlenbild

Verbinde die Zahlen von eins bis vierzig mit einem Stift und Du siehst, welches lustige Spiel der Müller und der Mühlenhannes ausführen.

Unordnung

In der Mühle sind die Mehlsäcke durcheinandergeraten. Jeweils zwei Mehlsäcke gehören zusammen. Verbinde die Pärchen mit einem Stift. Achte dabei genau auf die Unterschiede der einzelnen Mehlsäcke.

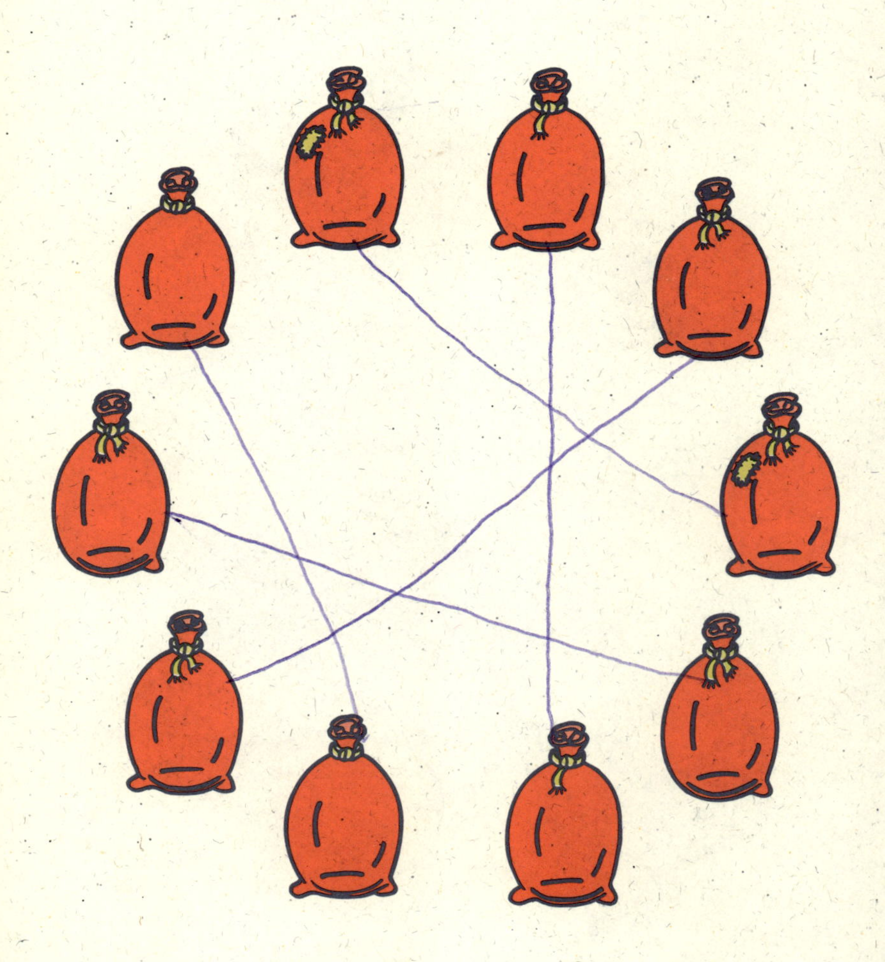

Labyrinth

Der Mühlenhannes hat sich im Wald verlaufen. Hilf ihm den Weg zur Mühle zurückzufinden, indem Du mit einem Stift den richtigen Weg im Labyrinth nachfährst.

Was gibt es in der Mühle?

Der alte Müller erzählt dem Mühlenhannes, was es früher alles in der Mühle gab. Drei Dinge gehören nicht dazu. Finde sie und streiche sie durch!

Bilderrätsel

Schreibe unter jedes Bild den Namen der Gegenstände. Wenn Du nacheinander jeweils den 2. Buchstaben in die Lösungswortkästchen einträgst, kennst Du das Lieblingsgericht des Mühlenhannes.

Das Lösungswort heißt:

Kontrollen

Kontrolle: Das Leben des Müllers

1. Namenwörter:
Müller, Mühle, Kauf, Erbschaft, Lehrzeit, Meister, Lehrling, Jung-Geselle, Wanderschaft, Deutschland, Alt-Geselle, Lehrmeister, Meisterprüfung, Techniker, Geschäftsmänner, Doktor, Pferde, Mahlsteine, Schellenzeichen, Hahn, Korn, Tag, Nacht, Familie, Mehl, Verbrechen, Übertretungen, Umgehungen, Gesetze, Rechte, Angehörige, Handwerk, Berufe, Schicksal, Unehrliches, Künstler, Gaukler, Musiker, Barbiere, Henker, Spott, Bevölkerung, Sprüche, Brot, Arbeit, Motto, Glück, Gottes Hut, Mut, Lieder, Geschichten, Handeln, Betrügen, Vergangenes, Nähe, Museum "Heins Mühle", Getreidemühle, Bäcker, Bendorfer Umgebung, Familie Bolkenius, Weitersburg

2. Wiewörter:
lang, jung, grob, unehrlich, teuer, harmlos, fein, gut, gottesfürchtig, froh, fromm, verschlagen, kunstsinnig, seltsam, zauberhaft

Kontrolle: "Die Mühle" von Stefan Andres

Das Kind sieht:
den hölzernen Hahn auf dem Rand des Trichters, das langsam verschwindende Korn, den Mond, den Vater, wenn er aus dem Bett sprang und in seine Hose schlüpfte, die am Bettpfosten hing, Vaters Pantoffeln, die er jeden Abend genau an den selben Platz stellte, den Vater oder seinen Knecht, wenn sie vom Tisch aufsprangen, das Füttern der Mühle, die Mienen derer, die zum Aufschütten eilten, dralle Säcke und Berge von Korn, die Mühle mit vollen Backen kauen, die zitternde Mühle und ihr wackelnder Bauch, den hölzernen Rock, einen langen Eisenkerl mit seinen eisernen Spinnenarmen, runde Steine, das Schärfen der Mahlsteine, Werkzeug, die Schrenzen (Mahlrillen), eine gelbe Landschaft mit einem goldenen Berg, der langsam im Trichter versank, den Weg des Korns

Das Kind hört:
die klappernde Stimme der Mühle, den schreienden Hahn, den ruckenden Stuhl, die knallende Tür, das Schlagen des geschärften Hammers auf den Stein, das Schütteln des Trichters

Das Kind riecht:
das Holz der Mühle, den Duft des Korns und des Mehls, Kerzenrauch, das Schärfen der Mahlsteine, das Schmieröl der Zahnräder...

Kontrolle: Mühlenlied "Verschbädung"

Die 6 Arbeitsschritte (Tunwörter) heißen:

ackere	= ackern
säje	= säen
ärnde	= ernten
dräsche	= dreschen
mahle	= mahlen
bagge	= backen

Warum mußte das Kind sterben?
Das Kind mußte sterben, weil der Weg vom Korn zum fertigen Brot zu lange dauerte. Die Mutter mußte erst das Feld für das Korn vorbereiten, anschließend das Korn aussäen und lange warten, bis es reif war. Dann mußte sie es ernten und zu Mehl verarbeiten. Bis sie endlich damit backen konnte, war es für das Kind zu spät.
Mit verschiedenen Maschinen für die Feldbearbeitung (zum Beispiel mit einem Mähdrescher), einer Mühle und einem Bäcker wäre alles viel schneller gegangen und man hätte dadurch nicht nur mehr Mehl gewinnen, sondern auch viel mehr Brote backen können.

Kontrolle: Es klappert die Mühle...

Das Klappern der Mühle:
Nicht nur in der "Heins Mühle", sondern in allen Wassermühlen, in denen Getreide verarbeitet wird, gibt es solch ein Klappern. Du findest es genau an der Stelle des Rüttelschuhs oder Schüttelrosts über den Mahlsteinen. Dort wird die Menge des Korns bestimmt, die zwischen den Mahlsteinen zerrieben werden soll.

Kontrolle: Der Müller hat ein Mühlenhaus

Die 4 Berufe, von denen das Lied erzählt, heißen:
Müller, Bäcker, Schlachter, Bauer

Kontrolle: Kreuzworträtsel

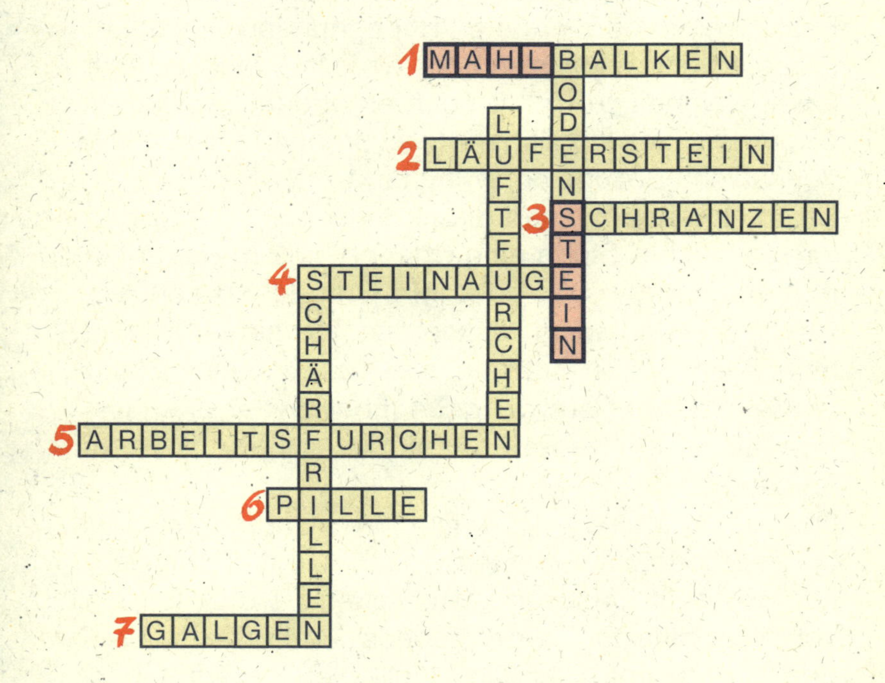

Das Lösungswort heißt:

Nachwort

Liebe Kolleginnen, Kollegen und "Mühleninteressierte"!

In der heutigen hochtechnisierten, medienvermittelten Welt haben Kinder kaum noch direkte Beziehungen zur Vergangenheit. Oftmals fehlt ihnen auch der Blick für Dokumente vergangener Tage.
Erfahren sie allerdings durch Erzählungen, Fotos und Schriften ihrer Großeltern, durch Museumsbesuche, Feste, Feiern oder anderen Begegnungen Geschichtliches, so entwickelt sich doch ein beträchtliches Interesse, welches zunächst noch emotional geprägt ist. Dabei wird das kindliche **Interesse** durch unmittelbar heimatliche Bezüge noch verstärkt.
Beispielsweise können die Grundschulen den Schülern in diesem Sinne eine Chance bieten, durch heimatkundlichen Unterricht ihre Umgebung kennen-, verstehen- und schätzenzulernen. Heimatverbundenheit ist eine Voraussetzung, daß das Kind eine **positive Werthaltung** sowohl gegenüber der eigenen Heimat als auch gegenüber anderer Lebenswelten aufbaut.
Die "Heins Mühle" diente in meiner Unterichtseinheit als Repräsentant vergangener Zeit, nicht nur hinsichtlich des heute fast ausgestorbenen Berufs, sondern vor allem hinsichtlich der Lebens- und Arbeitsweisen der Menschen früher. Die Mühle bietet exemplarisch Anhaltspunkte zum anschaulichen Nachvollziehen vergangener Alltagsatmosphären. Hier können die Kinder **vor Ort Heimat "erfahren" und "be-greifen".**

Die Zugänglichkeit des Themas stützte sich in meinem Unterricht hauptsächlich auf Primärerfahrungen, die die Schüler mit Hilfe "wirklicher" Erfahrungen am Lerngegenstand, das heißt an Ort und Stelle in ihrer eigenen Umgebung, sammelten. Der Unterrichtsgang selbst, der Unterrichtsbesuch durch einen "echten Müller" sowie die unterrichtliche Erschließung der gewonnenen Arbeitsergebnisse trugen dazu bei. Eine wichtige Voraussetzung war die hauptsächlich **schülerzentrierte Durchführung der Unterrichtseinheit**, die innerhalb des Klassenraumes mit Hilfe von **fächerübergreifendem "Stationslernen"** realisiert werden konnte. Die einzelnen Stationen habe ich meinem Kinderbuch hinzugefügt, so daß Sie auch in Ihrem Unterricht auf ähnliche Weise verwendet werden können (Die **selbständigen Kontrollmöglichkeiten** für Ihre Schüler gehören in jeder Station dazu!).
Die Materialien der Stationen wurden so ausgewählt, daß sie den Themenschwerpunkt direkt treffen. **Dinge, die während des Unterrichtsganges primär erfahren wurden, sollten anschließend vom Schüler detaillierter und selbständig aufgearbeitet werden.** (Bau des Wasserrades und Versuche damit, Stegreifspiel etc.) Ferner wurde gezielt auf **Sach- und Kindgemäßheit** geachtet (zum Beispiel bei der Auswahl der Gedichte, der Sachtexte, der Fachtermini etc.).

Bei der Vorbereitung meiner Unterrichtseinheit fiel mir auf, daß es kaum Literatur zu der Thematik "Leben

und Arbeiten der Menschen in der Mühle früher" gibt. Die wenigen Abhandlungen sind für die Kinder weitgehend ungeeignet. Da ich aber im Laufe der Unterrichtseinheit beobachten konnte, daß die Schüler das Thema "Mühle" mit großer Begeisterung aufnahmen, entschloß ich mich, meine Erfahrungen in Form eines Kinderbuches weiterzugeben.
Meine damalige Idee ist nun realisiert und ich hoffe, damit Ihnen und vor allem den Kindern eine Freude bereiten zu können.

Alexandra Kopatz
(Grundschullehrerin)

Literaturverzeichnis

Auernheimer, Arthur (und andere):
bsv - Lehrerinformation zum Sachbuch für die Grundschule "erfahren und begreifen", 4. Schuljahr, Begleitheft 2.
München 1977 (3. Auflage).

Braunburg, Annemarie / **Braunburg**, Rudolf:
Schöne alte Wassermühlen: ein Bildband mit 167 Farbfotografien von Wassermühlen in deutschen Landschaften.
München 1985.

Diekmann, Anne (und andere):
Das große Liederbuch.
Zürich 1975

Glauner, Wilhelm:
Die historische Entwicklung der Müllerei.
Braunschweig 1951 (2. Auflage).

Herders Konversations-Lexikon Band 6, 1906.

Löber, Ulrich (Hrsg.):
Vom Korn zum Brot.
Eine Ausstellung des Landesmuseums Koblenz vom 21. März bis 18. Juli 1982. Veröffentlichungen des Landesmuseums Koblenz/ Staatliche Sammlung technischer Kulturdenkmäler (Einzelveröffentlichung).
Koblenz (Festung Ehrenbreitstein) 1982.

Meyers Lexikon Band 8, 1928.

Schott, Wilhelm:
"In einem kühlen Grunde ...". Bilder verschwundener Mühlen. Mit Gedichten von Bürger bis Rühmkorf. München 1978.

Seibel, Anton/ **Schneider**, Franz:
"Die alten Mühlen am rauschenden Bach". Die alten Getreide-, Öl-, Lohe-, Knochen- und Traßmühlen in den Tälern der drei Hunsrücker Zuflußbäche zur Mosel, dem Dünn-, Groß- und Flaumbach.
Koblenz 1987.

Stüdje, Johannes:
Mühlen in Schleswig-Holstein.
Heide in Holstein 1976 (3. Auflage).

Weber, Friedrich Wilhelm:
Die Geschichte der Mühlen und des Mühlenhandwerks in der Pfalz. Dargestellt nach gegenständlichen Befunden, archivalischen Quellen und der mündlichen Überlieferung.
Otterbach bei Kaiserslautern 1978.